ExLibris

D1930906

Der Kleine TaschenFreund

MIX
Aus verantwortungsvollen Quellen
FSC® C022120
FSC
www.fsc.org

ISBN 978-3-649-62750-0

© 2018 Coppenrath Verlag GmbH & Co. KG,
Hafenweg 30, 48155 Münster, Germany
Redaktion: Kai König
Textsatz: Internetlitho, Münster
Alle Rechte vorbehalten

Printed in Slovakia
www.coppenrath.de

Geschichten aus Rentenhausen

Das Beste kommt zum Schluss

Mit Illustrationen von Thorsten Saleina

COPPENRATH

Inhalt

Renten
Kasse

Stärn
Rente mit 55?

Mein Mann, der Rentner

Das geheime Tagebuch einer Ehefrau

von Rosa Schmidt

Dienstag, 1. Januar, 13 Uhr

Wusste, dass dieser Tag irgendwann kommen würde. Aber jetzt und heute – musste das sein? Günther ist gerade wieder raus, zur Arbeit. Himmel, ich bin fix und fertig. Beim Spülen war mir fast ein Teller runtergefallen.

Also, was ist passiert?

Günther kam – wie jeden Tag – zum Mittag nach Hause. Seine Firma ist nur zehn Minuten mit dem Fahrrad entfernt, deswegen verbringt er seine Mittagspause immer zu Hause. Heute hatte ich Geschnetzeltes auf Reis und als Nachtisch Schokoladenpudding vorbereitet. Alles war wie immer. Bis

Günther plötzlich den entscheidenden Satz sagte: „Ab Februar bin ich übrigens in Rente."
„Wie bitte?", nuschelte ich mit vollem Mund und glaubte noch hoffnungsvoll, ich hätte mich verhört.
„Ich habe schon alles geklärt. Muss nur einen kleinen Abschlag hinnehmen, wenn ich jetzt schon und nicht erst in einem Jahr aufhöre."
Günther aß zufrieden weiter.
„Und warum gerade jetzt?", stieß ich hervor. (Ich befürchte, meine Stimme hatte einen leicht panischen Klang.)
„Na ja, Ende des Monats sind wir mit der Schule am ZOB durch. Ist doch gut, wenn ich das noch zu Ende bringe und das neue Projekt dann dem Nächsten überlasse."
Beherzt nahm Günther sich noch einen Nachschlag vom Pudding.
Zehn Minuten später schwang er sich wieder aufs Fahrrad, und ich stand paralysiert in der Küche. Es ist ja nicht so, dass ich nicht gerne Zeit mit Gün-

ther verbringe. Aber in den letzten 35 Jahren – großer Gott, waren es wirklich schon so viele? – war Günthers Hoheitsgebiet nun einmal tagsüber das Büro und meins das Haus. Nicht, dass ich jedes Mal komplett durchgedreht bin, sobald er das Haus verlassen hat. Nein, ich hatte einfach nur mein eigenes Leben. Mein eigenes, selbstbestimmtes Leben.

17 Uhr

Ist Günther jetzt bald immer zu Hause? Den ganzen Tag???

24 Uhr

Kann nicht schlafen. Muss an Günther denken. Und die Zeit, die vor uns liegt. Weiß nicht, ob ich lachen oder weinen soll. Herrje, ich fühle mich schlecht. Eine gute Ehefrau, die freut sich doch, wenn ihr Mann in Rente geht, oder etwa nicht? Aber mal im Ernst: Wie stellt er sich das Ganze denn bloß vor?

Donnerstag, 3. Januar

Habe versucht, alles wie immer zu machen. Morgens war ich bei Tante Lotti im Heim, mittags hatte ich Schicht bei der Tafel, wo ich zweimal die Woche bei der Essensausgabe helfe. Nachmittags habe ich eingekauft, die Wohnung geputzt und die Wäsche gemacht. Abends brachte ich meiner Nachbarin Marlies einen Blumenstrauß zum Geburtstag vorbei. Danach noch kurz ferngesehen, und um 23 Uhr lag ich schließlich erschöpft im Bett. Es hätte ein ganz normaler Donnerstag werden können, wenn mir nicht zwischendurch immer wieder die Worte „Günther" und „Rente" in den Kopf geschossen wären. Habe neulich bei Markus Lanz einen Lottogewinner gesehen, der von seinen ersten Wochen im Millionenrausch erzählte. Er habe sein ganz normales Leben weitergelebt, aber irgendwie musste er schlagartig immer wieder an die Millionen denken. „Das war kaum zu realisieren", sagte er und guckte dabei selig-verklärt in die Kamera. Mir dagegen schießt regelmäßig mein Ehemann ins Hirn, der bald hauptberuflich auf dem Sofa sitzen wird. Wenn ich daran denke, gucke ich leider nicht selig-verklärt, sondern eher angstvoll-hysterisch.

Freitag, 4. Januar

Ich gebe zu: Es ist nicht so, dass Günther aus heiterem Himmel in Rente geht. Wir hatten schon öfter über das Thema gesprochen, und natürlich ist mir durchaus bewusst, dass ein arbeitender Mensch irgendwann in Rente geht. Auch hatten wir schon einmal überlegt (rein theoretisch!), ob er vielleicht früher als mit 65 in Rente gehen könnte. (Das Thema kam auf, als unser Nachbar Jürgen, der Mann von Marlies, bereits mit 62 seinen Job beim Ordnungsamt an den Nagel gehängt hat und seitdem wesentlich ausgeglichener wirkt. Er pflanzt nun oft im Garten irgendwelche Bäume und so.)

Günther wird im Oktober 64 Jahre alt. Eigentlich bin ich davon ausgegangen, dass Ursula von der

Leyen ihn höchstpersönlich mit Ende sechzig von seinem Schreibtisch wegziehen werden muss. Ach was, mit Ende siebzig.

Denn: Günther lebt für seine Arbeit. Er arbeitet als Ingenieur für eine Baufirma, die sich auf die Sanierung von Gebäuden spezialisiert hat. Natürlich machen das Tausende andere Menschen in Deutschland auch, aber ich würde die mutige Behauptung aufstellen wollen, dass niemand sich in den Beruf so reinsteigert wie Günther. Morgens ist er der Erste im Büro, abends der Letzte, der geht. Selbst in den heiligen Urlaub nimmt sich Günther Arbeit mit („Sonst komme ich ja völlig raus"), und manchmal müssen wir Ausflüge am Wochenende so legen, dass wir auf dem Weg dorthin an irgendeiner Baustelle vorbeikommen. Als unsere Tochter Julia ungefähr 13 war, rief sie eines Tages: „Das ist so ungerecht! Andere fahren mit ihren Eltern in den Freizeitpark, und ich muss mir so dämliche Bagger ansehen!" Damit war klar, dass Günthers großer Traum – Julia studiert Bau-

ingenieurwesen und tritt in seine Fußstapfen – nicht in Erfüllung gehen würde. Inzwischen ist Julia 29 und Buchhändlerin in Köln. Studiert hat sie (sogar fast bis zum Ende) Germanistik. Wenn sie uns am Wochenende mal besucht, müssen wir zwar ab und zu auch heute noch zu einer Baustelle fahren, doch inzwischen lachen wir darüber. Julia schüttelt dann meistens den Kopf und sagt lachend: „Ach, Papa." Günther schüttelt den Kopf und sagt lachend: „Typisch Frauen, keinen Sinn für die wichtigen Dinge im Leben." Und ich schüttele meinen Kopf und sage lachend: „Männer lassen sich eben leider nicht ändern."
Kurz: Wir sind eine ganz normale Familie.
Oder waren es bis jetzt zumindest.

Sonntag, 6. Januar
Gott sei Dank: Ich habe ganz umsonst die Pferde scheu gemacht. Alles wird gut. Mir fällt ein Stein vom Herzen. Himmel, was bin ich beruhigt. Alles wird gut. Zwar sitzt mir der Schock der drohenden

Rente noch immer in den Knochen, aber zum Glück war es nur ein Fehlalarm. Alles wird gut. Sagte ich das bereits?
Folgendes ist passiert: Ich habe mit Ute telefoniert, meiner besten Freundin. Seit sich Julia und Utes Sohn Florian im Kindergarten kennenlernten, sind wir beide unzertrennlich. (Unsere wunderbare Idee, später einmal zu heiraten, haben die beiden komischerweise abgelehnt.) Ich rief also heute Vormittag Ute an und erzählte ihr hektisch, dass Günther in genau 26 Tagen, 624 Stunden und 37 440 Minuten in Rente gehen würde. Grundgütiger, allein beim Erzählen davon überschlug sich meine Stimme, und mein Herz raste. In meinem Alter darf man sich doch nicht mehr so aufregen, ermahnte ich mich und versuchte, mich an das autogene Training zu erinnern, das ich vor Jahren einmal an der Volkshochschule mitgemacht hatte. Ausatmen … einatmen … ausatmen … einatmen. Tief und ruhig. Ich legte meine Hand auf den Bauch und spürte, wie

mein ganzer Körper zitterte. „Nun beruhig dich erst mal“, sagte Ute. „So einfach geht das alles doch gar nicht. Wann, hast du gesagt, will Günther in Rente gehen?“
„Am 1. Februar“, brachte ich stöhnend hervor.
„Und wann hat er dir davon erzählt?“
„Am Dienstag.“
Ute fing an zu lachen und sagte, dass das ja wohl mal wieder typisch Mann sei. Dann erzählte sie von den ganzen Formalitäten, die man erfüllen muss, wenn man in Rente geht. (Wenn das jemand weiß, dann Ute, die bis vor zwei Jahren bei der Stadt tätig gewesen war.) Der Rentner in spe muss auflisten, was er wann und wo genau gearbeitet hat, muss einreichen, ob er irgendwelche Krankheiten hatte, und sich das vom Arzt bescheinigen lassen, und spätestens vier Monate vor Rentenbeginn – besser schon vorher – muss er mit dem Arbeitgeber sprechen.
„All das nimmt wahnsinnig viel Zeit in Anspruch“, beschwichtigte mich Ute. „Da hat Günther sich be-

stimmt noch nicht drum gekümmert. So etwas wissen Männer doch gar nicht. Aber sei doch froh. Am 1. Februar wird er wie gehabt in seinem Büro sitzen, und dir bleibt eine Schonfrist."
Ute und ich rechneten hoch, dass Günther mindestens ein halbes Jahr brauchen würde, um den Antrag zu stellen und alles vorzubereiten. Will heißen: Frühestens im August könnte Günther tatsächlich Rentner sein. Das hört sich doch schon ganz anders an. Das sind noch satte sieben Monate. Bis dahin hat Günther ein Hobby gefunden, das ihn im Ruhestand ausfüllen wird. Bis dahin habe ich mich an den Gedanken gewöhnt. Bis dahin haben wir eine Idee, wie wir gemeinsam die Zeit verbringen können. Alles wird gut.

Montag, 7. Januar

Habe Günther beim Mittagessen mit dem Ach-so-furchtbaren-Fakt konfrontiert, dass so ein Rentenantrag ganz, ganz, ganz viel Zeit in Anspruch nimmt.

„Ich weiß, dass du dich schon auf den 1. Februar eingestellt hast“, flötete ich unschuldig. „Es wäre ja auch zu schön gewesen, wenn alles so reibungslos geklappt hätte. Aber Ute hat erzählt, dass es mindestens ein halbes Jahr dauert, bis man alle Unterlagen zusammenhat.“ Ich versuchte, ein trauriges Gesicht zu machen, und legte fürsorglich meine Hand auf seine. „Wenn du magst, können wir uns nächste Woche gerne gemeinsam einen Überblick verschaffen, was man so braucht.“
Günther strahlte mich während meines Monologs unbeirrt an, was mich stutzig machte.
„Ist alles schon eingetütet“, gab er stolz bekannt. „Habe ich alles nach Feierabend geregelt. Der 1. Februar steht. Sollte eine Überraschung für dich werden. Freust du dich?“

Mittwoch, 9. Januar

Günther hat einen Kalender gebastelt, von dem er bis zum 1. Februar die letzten Tage abreißt. Hinter dem letzten Kalenderblatt am 31. Januar steht in großen Buchstaben: „FREIHEIT."

12 Uhr

Günther kommt kurz zum Mittag nach Hause, zeigt auf den Kalender, den er neben den Kühlschrank gehängt hat, und singt: „Der Countdown läuft", wie aus dem Song *Major Tom* von Peter Schilling. Dabei macht er eine Handbewegung wie Dieter Thomas Heck.

15 Uhr

Julia ruft an, will wissen, ob ich Papa schon eine Staffelei gekauft habe. Er hätte ihr am Wochenende erzählt, dass er malen will, wenn er in Rente ist.

23 Uhr 30

Es ist schön, immer noch neue Sachen über seinen Partner zu erfahren, selbst wenn man schon 35 Jahre zusammen ist. Doch das hier, das geht mir jetzt alles ein Stückchen zu weit. Wusste weder, dass Günther a) das Lied *Major Tom* kennt, b) singt, c) seine Arbeit schrecklich findet, noch dass er d) den Wunsch verspürt, zu malen.

Er hat noch nie in seinem Leben gesungen.

Er war ein Workaholic, der am Wochenende in die Firma gefahren ist und spätabends zufrieden nach Hause kam.

Er wollte noch nie malen.

Ich schiele zu Günther rüber, der aussieht wie immer und schnarcht. Wer ist der fremde Mann in meinem Bett???

Bürger, schont eure Anlagen

von Erich Kästner

Arbeit läßt sich schlecht vermeiden,
und sie ist der Mühe Preis.
Jeder muß sich mal entscheiden.
Arbeit zeugt noch nicht von Fleiß.

Arbeit muß es quasi geben,
denn der Mensch besteht aus Bauch.
Arbeit ist das halbe Leben,
und die andre Hälfte auch.

Seht euch vor, bevor ihr schuftet!
Zieht euch keinen Splitter ein.
Wer behauptet, daß Schweiß duftet,
ist (ganz objektiv) ein Schwein.

Zählt die Arbeit zu den Strafen!
Wer nichts braucht, braucht nichts zu tun.
Legt euch mit den Hühnern schlafen.
Wenn es geht: pro Mann ein Huhn.

Manche geben keine Ruhe,
und sie schuften voller Wut.
Doch ihr Tun ist nur Getue,
und es kleidet sie nicht gut.

Laßt euch auf den Sofas treiben!
Gut geträumt ist halb gelacht.
Hände sind zum Händereiben.
Sprecht schon morgens: „Gute Nacht."

Laßt die Wecker ruhig rasseln!
Zeigt dem Krach das Hinterteil.
Laßt die Moralisten quasseln.
Bietet euch nicht täglich feil.

Wozu macht ihr Karriere?
Ist die Erde denn kein Stern?
Tut, als ob stets Sonntag wäre,
denn er ist der Tag des Herrn.

Vieles tun heißt vieles leiden.
Lebt, so gut es geht, von Luft.
Arbeit läßt sich nicht vermeiden, –
doch wer schuftet, ist ein Schuft!

Das neue Leben

von Sławomir Mrożek

Ich beschloss, ein neues Leben zu beginnen. Entschieden und unwiderruflich.
Blieb nur die Frage: Ab wann?
Die Antwort ließ keine Zweifel offen: Ab morgen.
Als ich am nächsten Tag aufwachte, stellte ich fest, dass ja wieder heute ist, genauso wie gestern. Da ich mein neues Leben morgen beginnen wollte, konnte ich heute kein neues Leben anfangen.
‚Noch ist nichts verloren', dachte ich mir. ‚Morgen wird ebenfalls morgen sein.'
Und ich verlebte den Tag ruhig, wie immer auf die alte Weise. Nicht nur ohne Gewissensbisse, sondern voller guter Gedanken und gesteigerter Hoffnungen.

HAPPY NEW LIFE
Ab heute RENTE

Aber was sollte ich machen, als am nächsten Tag wieder heute war, ähnlich wie gestern und vorgestern?
‚Das ist nicht meine Schuld', dachte ich, ‚dass irgendein Teufel immer das Morgen in heute verwandelt. Mein Beschluss ist einwandfrei, unwiderruflich. Versuchen wir es noch einmal, vielleicht wird der Teufel müde, und morgen wird endlich morgen sein.'
Leider war es nicht so. Immer nur heute und heute. Schließlich verlor ich die Hoffnung. ‚Dieses Morgen wird nie kommen', dachte ich. ‚Angesichts dessen könnte man das neue Leben nicht von morgen an, sondern von heute an beginnen.'
Ich durchschaute aber sofort die Absurdität dieses Gedankens. Denn wenn sich dieses Heute unveränderlich schon seit ewigen Zeiten wiederholt, dann ist das schon sehr alt, und jedes Leben heute muss auch alt sein. Ein neues Leben ist ein neues Leben, möglich ist es nur von Neuem, also von

morgen an, wenn es ein wirklich neues Leben sein soll.
Und ich ging mit dem ganz starken Vorsatz schlafen, dass ich von morgen an ein neues Leben beginne. Denn trotz allem gibt es doch immer irgendein Morgen.

Das Stundenkonto

von Kurt Tucholsky

Vor Monaten bin ich einmal mit der Puff-Puff-Bahn von Paris nach Berlin gefahren, denn ich wollte meinem Verleger ins treue Auge sehn … („Sie werden auch nie lernen, ein Feuilleton richtig anzufangen. Das fängt man gefälligst so an: ‚Das Flugzeug surrte über Le Bourget ab, das gute, alte Paris tief unter sich lassend … '") Ja, also ich fuhr mit der Bahn.

An der belgischen Grenze stimmte irgendetwas mit den Uhren nicht; mein mangelhafter mathematischer Verstand lässt es niemals zu, zu verstehen, was da eigentlich vor sich geht; einigen wir uns auf: mitteleuropäische Zeit in Idealkonkurrenz mit der Sommerzeit. Kurz und gut: Die Uh-

ren wiesen auf einmal eine Differenz von sechzig Minuten auf. Statt viertel eins war es plötzlich viertel zwei.

Das ließ einen der Reisegefährten nicht ruhn. Er wandte sich an den belgischen Zugbeamten.

„Wir haben eine Stunde gewonnen, nicht wahr –?“, sagte er. „Nein“, sagte der Mann. „Sie haben eine Stunde verloren.“ – „Nein, gewonnen!“, rief der Reisegefährte. „Nein, verloren!“, rief der Schaffner. Es war wunderschön. Der Gefährte fing an, die Astronomie, etwas Regeldetri und eine Prise Einstein in einem Topf zu rühren, den er triumphierend dem Schaffner präsentierte. „Wir haben also eine Stunde gewonnen“, sagte er, „wir kommen eine Stunde früher an –!“ Es hätte nicht viel gefehlt, und er hätte die Hände vor dem Mund bewegt, wie es die Zirkuskünstler machen, wenn ihnen ein besonders schöner Salto gelungen ist … Der Schaffner nahm den Topf nicht an. Er sagte vielmehr etwas ganz Überraschendes.

„Sie haben eine Stunde verloren!“, sagte er. „Denn Sie haben eine Stunde weniger zu leben.“ Nie, niemals ist mir der Unterschied der beiden Länder so stark aufgegangen wie in diesem Augenblick.
Wir wollen immerzu ankommen, am liebsten gestern, wir möchten es ganz eilig haben, und wenn es schneller, noch schneller, am allerschnellsten geht, dann bilden wir uns ein, etwas gewonnen zu haben. Der Franzose will leben. Dieser Schaffner trug eine belgische Uniform, aber es war etwas durchaus Französisches, was er da gesagt hatte. Der Franzose will leben.
Und er lebt auch, als ob er tausend Jahre zu leben hätte. Verabrede dich am Zweiten des Monats mit einem Pariser; es ist nicht ausgeschlossen, dass er dir eine Zusammenkunft für den Achtundzwanzigsten vorschlägt. Frankreich ist so schön weit weg von Amerika … Am Achtundzwanzigsten kommt er dann auch angewackelt, er hat es nicht vergessen. Alles, alles kannst du in Paris – aber etwas an einem

einzigen Vormittag erledigen: Das mach mir mal vor. Du hast gar keine Zeit, und der Franzose hat viel zu viel, und so kommt ihr schwer zusammen. Natürlich hat auch der Schaffner einen Denkfehler gemacht; denn in Wahrheit ändert der vorgestellte Zeiger nichts an der Dauer unseres Lebens; aber so denken sie hier. Ich weiß nicht, ob man damit „vorankommt"; ich kann auch nicht beurteilen, ob man so gute Geschäfte macht, ob das Land auf diese Weise konkurrenzfähig bleiben wird, bis in alle Ewigkeit … das weiß ich alles nicht. Ich weiß nur, dass die Franzosen erst einmal leben wollen, und dem hat sich alles andere unterzuordnen. Einmal hatte es ein Deutscher sehr eilig in Paris, als er bei Tisch saß, und er sagte das auch dem Kellner … Darauf jener: „Wenn Sie keine Zeit haben, dann müssen Sie nicht frühstücken –!" Das ist eine Lebensweisheit.

Die Franzosen bummeln nicht, sie sind nicht säumig, noch weniger etwa faul, wie schlechte Lesebücher das deutschen Kindern manchmal einreden wollen. Ihr Lebensrhythmus, ihr Arbeitstakt ist ein anderer, und wenn man mit ihnen fertigwerden will, so muss man sich diesem andersgearteten Takt eben anpassen. Was für uns nicht immer einfach ist …

Ich will gar nicht einmal vom Pariser Telefon erzählen, einer Maschine, die die Franzosen selbst nicht ernst nehmen, sonst funktionierte sie. Sie funktioniert aber nicht, und man tut gut, in eiligen Fällen zu dem Anzutelefonierenden hinzufahren; man wird Zeit sparen, Nerven und Kraft. Es liegt eine fast orientalische Ruhe im französischen Gehaben, die von der schnellen Sprache und einer fast unmerklich nervösen Atmosphäre sonderbar absticht. Und nichts bringt den Franzosen so durcheinander wie einer, der etwa ununterbrochen mitteilen wollte, wie eilig er sei, wie wenig Zeit er habe, wie schnell das alles erledigt sein müsse … Er wird auf Granit beißen. Er wird den französischen Charakter voll erkennen, der, bei aller Beweglichkeit, unglaublich störrisch sein kann, von einem Eigensinn, der ganzen Planeten standhält ... Da wird nichts zu machen sein. Mit schweren Säbeln ist hier gar nichts auszurichten. Man fechte Florett.

Das Allermerkwürdigste ist, dass der Drang, das eigene Leben voll zu Ende zu leben, sogar den Erwerbstrieb überwiegt: erst das Leben, dann das Geschäft. Und es ist ungemein bezeichnend für die Lebensauffassung der Franzosen, dass sie in prekären Lagen vorziehen, weniger auszugeben, also zu sparen, als mehr zu verdienen. Mit dem Klischee „Es ist eben ein Rentnervolk" kommt man der Sache nicht näher – denn Rentner arbeiten nicht so viel, wie es hier Frauen und Männer allenthalben tun.

Dazu kommt, dass die neue junge Generation denn doch wesentlich anders aussieht – sie ist flinker, schneller, tangogescheitelter, autohafter, anders.

Und doch französisch. Es ist – unübersetzbar –: „un peuple débrouillard“, ein Volk, das die Sache „schon schmeißt“, das sich herausfindet und herauswindet; das, scheinbar planlos, bis hart an den Rand des Abgrunds rollt und dann – im allerletzten Augenblick – eines jener Wunder vollbringt, von denen die französische Geschichte voll ist. So haben sie ein sauber geführtes Stundenkonto, anders als das unsere – und auf der Aktivseite steht ein Posten, der alle, alle andern überstrahlt: das Leben.

Gebet des älter werdenden Menschen

von Teresa von Ávila

O Herr, du weißt besser als ich, dass ich von Tag zu Tag älter und eines Tages alt sein werde.
Bewahre mich vor der Einbildung, bei jeder Gelegenheit und zu jedem Thema etwas sagen zu müssen.
Erlöse mich von der großen Leidenschaft, die Angelegenheiten anderer ordnen zu wollen.
Lehre mich, nachdenklich (aber nicht grüblerisch), hilfreich (aber nicht diktatorisch) zu sein.
Bei meiner ungeheuren Ansammlung von Weisheit erscheint es mir ja schade, sie nicht weiterzugeben – aber du verstehst, o Herr, dass ich mir ein paar Freunde erhalten will.
Bewahre mich vor der Aufzählung endloser Einzelheiten und verleihe mir Schwingen, zur Pointe

zu gelangen.
Lehre mich schweigen über meine Krankheiten und Beschwerden. Sie nehmen zu, und die Lust, sie zu beschreiben, wächst von Jahr zu Jahr.
Ich wage nicht, die Gabe zu erflehen, mir die Krankheitsschilderungen anderer mit Freude anzuhören, aber lehre mich, sie geduldig zu ertragen.
Lehre mich die wunderbare Weisheit, dass ich mich irren kann.
Erhalte mich so liebenswert wie möglich. Ich möchte kein Heiliger sein – mit ihnen lebt es sich so schwer –, aber ein alter Griesgram ist das Krönungswerk des Teufels.
Lehre mich, an anderen Menschen unerwartete Talente zu entdecken, und verleih mir, o Herr, die schöne Gabe, sie auch zu erwähnen.

Die alte Straßenlaterne

von Hans Christian Andersen

Hast du je die Geschichte von der alten Straßenlaterne gehört? Außerordentlich amüsant ist sie zwar nicht, jedoch einmal lässt sie sich anhören. Es war eine recht ehrliche, alte Laterne, die viele, viele Jahre hindurch ihren Dienst versehen hatte, jetzt aber in Ruhestand versetzt werden sollte. Zum letzten Male stak sie auf dem Pfahle und leuchtete durch die Straße. Es war ihr zumute wie einer alten Ballerina, die zum letzten Male tanzt und morgen vergessen auf ihrer Bodenkammer sitzt. Die Laterne hatte gar große Angst wegen des andern Tages, denn sie wusste, dass sie zum ersten Male auf dem Rathause erscheinen und vom Bürgermeister und Rat besichtigt werden sollte, ob sie

noch zu fernerem Dienste brauchbar sei oder nicht.

Da sollte nun beschlossen werden, ob sie künftig ihr Licht für die Bewohner einer der Vorstädte müsste leuchten lassen oder auf dem Lande in irgendeiner Fabrik; vielleicht ging ihr Weg geradezu in eine Eisengießerei, um umgegossen zu werden. In diesem Falle konnte freilich alles aus ihr werden, aber der Gedanke, ob sie dann wohl die Erinnerung daran behalten würde, dass sie früher Straßenlaterne gewesen, peinigte sie schrecklich. Wie es ihr auch gehen mochte: So viel ist gewiss, dass sie vom Nachtwächter und seiner Frau, die sie wie zu ihrer Familie gehörig betrachteten, getrennt werden würde. Als die Laterne zum ersten Male aufgehängt wurde, war der Nachtwächter ein junger, rüstiger Mann; es geschah, als er eben zu derselben Stunde sein Amt antrat. Ja! Das war freilich lange her, dass sie Laterne und er Nachtwächter wurde. Die Frau war damals ein wenig stolz. Nur wenn sie abends vorbeiging, würdigte sie die Laterne eines Blickes, am Tage nie. Jetzt aber, in den letzten Jahren, wo sie alle drei, der Wächter, die Frau und die Laterne, alt geworden, hatte die Frau auch sie gepflegt, geputzt und mit Öl versehen. Grundehrlich waren die beiden Eheleute; nie hatten sie die Lampe nur um einen Tropfen des ihr bestimmten Öls betrogen.

Es war ihr letzter Abend auf der Straße und morgen sollte sie aufs Rathaus: Das waren zwei finstere Gedanken! Kein Wunder, dass sie nicht schön brannte. Aber auch viele andere Gedanken durchkreuzten sie. Zu wie vielem hatte sie ihr Licht geliehen, wie vieles hatte sie gesehen, vielleicht ebenso viel wie Bürgermeister und Rat. Allein diese Gedanken ließ sie nicht laut werden, denn sie war eine gute, ehrliche, alte Laterne, die niemandem etwas zuleide tun mochte, am allerwenigsten der Obrigkeit. Gar vieles fiel ihr ein und mitunter flackerte ihre Flamme auf. Sie hatte in solchen Augenblicken ein Gefühl, dass man sich auch ihrer erinnern würde. „Da war damals der junge, hübsche Mann – es ist freilich lange her –, der hatte ein Briefchen auf rosarotem Papier mit Goldrand. Es war so zierlich geschrieben, wie von einer Damenhand. Zweimal las er es und küsste es und blickte empor zu mir mit Augen, die deutlich aussprachen: ‚Ich bin der glücklichste der Menschen!' Nur er und ich wussten, was in diesem ersten Briefe seiner Geliebten geschrieben stand. Ja! Auch noch eines Augenpaares erinnere ich mich. Es ist doch etwas Wunderbares um die Gedankensprünge! In der Straße war ein Leichenbegängnis; die junge, schöne Frau ruhte auf dem vornehmsten Leichenwagen in dem mit Blumen und Kränzen bedeckten Sarge; die vielen Fackeln verdunkelten mein Licht. Längs der Häuser standen die Menschen gedrängt; sie zogen alle dem Leichenzuge nach. Als aber die Fackeln mir aus

dem Gesicht waren und ich umherblickte, stand eine einzige Person noch an meinen Pfahl gelehnt und weinte. Nie vergesse ich das trauernde Augenpaar, das zu mir aufblickte!“ Diese und ähnliche Gedanken beschäftigten die alte Straßenlaterne, die heute zum letzten Male leuchtete.
Die Schildwache, die von ihrem Posten abgelöst wird, kennt doch wenigstens ihren Nachfolger und darf ihm einige Worte zuflüstern; die Laterne kannte den ihrigen nicht, und sie hätte ihm doch einige nützliche Winke in Bezug auf Regen und Nebel geben, ihn in Kenntnis setzen können, wie weit die Strahlen des Mondes das Trottoir berührten, von welcher Seite der Wind gewöhnlich blase und anderes mehr.

Auf der Rinnsteinbrücke standen drei Personen, die sich der Laterne vorstellen wollten, weil sie glaubten, dass diese selbst das Amt zu vergeben habe. Die erste Person war ein Heringskopf, der im Finstern auch leuchten konnte. Er meinte, es sei eine große Ölersparnis, wenn er auf den Pfahl gesteckt würde. Nummer zwei war ein Stück faules Holz, welches auch schimmerte. Es sei, meinte es, aus einem alten Stamm, einst die Zierde des Waldes, entsprossen. Die dritte Person war ein Johanniswürmchen; woher dieses gekommen sei, begriff die Laterne nicht, da war es aber, und leuchten konnte es auch. Das faule Holz und der Heringskopf schworen jedoch bei allem, was ihnen heilig, dass es nur zu bestimmten Zeiten leuchte und daher nicht in Betracht kommen könne.

Die alte Laterne erklärte, dass keiner von ihnen genügend leuchte, um den Posten einer Straßenlaterne zu bekleiden; das glaubte aber keiner von ihnen. Als sie daher hörten, dass die Laterne nicht selbst das Amt zu vergeben habe, meinten sie, dass dies sehr erfreulich sei; sie wäre auch viel zu hinfällig, um diese Wahl treffen zu können.

In demselben Augenblicke kam der Wind von der Straßenecke dahergesaust und fuhr durch die Luftlöcher der alten Laterne. „Was muss ich hören!“, fragte er. „Du willst morgen fort? Ich treffe dich heute zum letzten Male? Da muss ich dir noch etwas zum Abschied bescheren; ich blase jetzt so in deinen Hirnkasten hinein, dass du künftig dich nicht allein alles Geschehenen und Gehörten wirst entsinnen können, sondern so helle soll es in deinem Innern werden, dass du alles, wovon in deiner Gegenwart gelesen oder erzählt wird, sehen kannst.“

„Ach! Das ist wahrlich viel, sehr viel!“, sagte die alte Laterne. „Ich danke dir herzlich! Wenn ich nur nicht umgegossen werde!“

„Das geschieht so bald nicht!“, sagte der Wind. „Jetzt blase ich dir das Gedächtnis ein; wenn du mehrere derartige Geschenke erhältst, da kannst du immer noch deine alten Tage recht vergnügt zubringen.“

„Wenn ich nur nicht umgegossen werde!“, sagte die Laterne. „Oder behalte ich für diesen Fall auch mein Gedächtnis?“

„Alte Laterne, sei vernünftig!“, sagte der Wind und blies.

In dem Augenblicke trat der Mond hinter den Wolken hervor.

„Was schenken Sie der Laterne?“, fragte der Wind.

„Nichts gebe ich!“, antwortete er. „Ich bin ja im Abnehmen, und die Laternen haben mir nie geleuchtet, wohl habe ich aber umgekehrt den Laternen geleuchtet.“ Und mit diesen Worten versteckte der Mond sich wieder hinter den Wolken, um nicht ferneren Zumutungen ausgesetzt zu sein.

Jetzt fiel ein Tropfen auf die Laterne wie vom Dache herunter; der Tropfen erklärte, er käme aus den grauen Wolken und sei auch ein Geschenk, vielleicht sogar das beste. „Ich durchdringe dich so, dass du die Fähigkeit erlangst, in einer Nacht, wenn du es wünschest, zu Rost zu werden und in Staub zusammenzufallen."

Dies schien aber der Laterne ein schlechtes Geschenk zu sein; dem Winde ebenfalls. „Gibt niemand mehr? Gibt niemand mehr?", blies er, so laut er konnte.

Da fiel eine leuchtende Sternschnuppe, einen langen, hellen Streifen bildend.

„Was war das?", rief der Heringskopf. „Fiel nicht ein Stern herunter? Ich glaube gar, er fuhr in die Laterne! Freilich, wenn solch hochstehende Personen sich um dieses Amt bewerben, da können wir Gute Nacht sagen und uns nach Hause verfügen."

Und das taten sie auch alle drei. Die alte Laterne verbreitete aber ein wunderbar starkes Licht. „Das war ein herrliches Geschenk!", sagte sie. „Die klaren Sterne, über die ich stets meine größte Freude gehabt und die so herrlich leuchten, wie ich nie habe leuchten können, obwohl mein ganzes Dichten und Trachten darauf gerichtet war, haben mich arme, alte Laterne doch bemerkt und mir ein Geschenk gesandt, in der Fähigkeit bestehend, dass alles, dessen ich mich selbst entsinne und was ich so deutlich sehe, als ob es vor mir stände, auch von allen denen gesehen werden kann, die ich liebe. Und hierin liegt erst das wahre Vergnügen; denn Freude, die man nicht mit andern teilen kann, ist doch nur halbe Freude."

„Das macht deiner Gesinnung alle Ehre!", sagte der Wind. „Aber dazu sind Wachslichter nötig. Wenn diese nicht in dir angezündet sind, helfen deine seltenen Fähigkeiten den andern nichts. Sieh! Daran haben die Sterne nicht gedacht; sie halten dich und jede andere Beleuchtung für Wachslichter. Doch, ich will mich legen!" – Und er legte sich.

„Ja, du lieber Gott! Wachslichter!", sagte die Laterne. „Die habe ich weder bisher gehabt, noch werde ich sie wohl künftig bekommen! Wenn ich nur nicht umgegossen werde!"

Den nächsten Tag, ja, den nächsten Tag tun wir besser zu überspringen. – Am nächsten Abend ruhte die Laterne in einem Großvaterstuhle. Und rate wo? Bei dem alten Nachtwächter! Er hatte vom Bürgermeister und Rat sich die Gnade ausgebeten, in Betracht seiner langen und treuen Dienste die alte Laterne behalten zu dürfen, die er selbst an seinem ersten Amtstage, vor vierundzwanzig Jahren, zum ersten Male auf- und angesteckt habe. Er betrachtete sie wie sein Kind, er hatte ja kein anderes; und die Laterne wurde ihm geschenkt.

Jetzt lag sie da im Großvaterstuhl, neben dem warmen Ofen. Es war, als sei sie größer geworden, weil sie den Stuhl allein einnahm. Die alten Leute saßen bei ihrem Abendbrote und warfen freundliche Blicke auf die alte Laterne, der sie gern einen Platz am Tische gegönnt hatten.

Sigi Sunset

von Thomas Göthel

Sieglinde Meesenkötter war meine Nachbarin, und sie hielt nichts von Rockmusik. Das war schon immer so, und das würde auch so bleiben, sagte sie zu mir. Egal, was ich getan hätte.
Ich wusste, ich war nicht ganz unschuldig daran, dass ihr Mann Harro nicht mehr bei ihr lebte. Ein Jahr nachdem er in Rente gegangen war, zog er los, um als ziemlich schräger Rockmusiker durch die USA zu tingeln. Und ich hatte ihn darin bestärkt, weil ich den unerträglichen Lärm loswerden wollte, der mir das Arbeiten unmöglich machte. Jetzt sang er als „Harry Me" vor abgedrehten Freaks, die dafür sogar noch Geld bezahlten.
Mit Frau Meesenkötter hatte ich nie viel zu tun gehabt. Vor vier Jahren war ich mal Gast auf einer

30
HARRY
& SiGi
HR-Y-12

Gartenparty ihres Mannes, aber da wechselte ich nur ein paar Worte mit der reizenden Gemahlin. Sie war von einem unscheinbaren Äußeren und wachte aufmerksam über den Bierkonsum von Ehemann und Gästen.

Nun aber baute sie sich wie ein angriffslustiges Raubtier in meiner Tür auf, und mir blieb nichts anderes übrig, als sie hereinzubitten. Mir war gar nicht wohl bei der Sache.

Frau Meesenkötter schien heute wie ausgewechselt. Sie drang in mein Reich ein, als wäre sie auf einer Mission. „Zum Wohnzimmer geht es da lang?“, fragte sie und wartete gar nicht erst auf meine Antwort. Sie zog mit festem Schritt an der Garderobe vorbei. Das war gar nicht so einfach, denn sie hatte eine Samba-Trommel umgeschnallt, und auf solch einen ausladenden Aufmarsch war mein Hausflur nicht vorbereitet.

Ich natürlich auch nicht, und so wusste ich gar nicht, worüber ich mich am meisten wundern

sollte: die plötzliche Entschlossenheit, die Attacke oder die Trommel?! Hatte ich in all den Jahren etwas Wesentliches übersehen? So wie dieses riesige Schlaginstrument, das ich im ersten Augenblick gar nicht richtig wahrgenommen hatte?
Wer behängt sich denn überhaupt an einem beschaulichen Mittwochnachmittag mit so einem Monstrum von Holzfass und trommelt zum Angriff auf seinen Nachbarn? Das macht doch nur ein Verrückter – oder aber ein Durchschnittsdeutscher, der seine Verrücktheit hinter der Ordnung fester Satzungen und Regeln versteckt.
Schon war Frau Meesenkötter im Wohnzimmer angekommen und blickte mit klaren eisblauen Augen in mein verdutztes Gesicht. Mit einem routinierten Schwung entledigte sie sich des Instrumentes und platzierte es in der Mitte des Raumes. Da stand es nun wie ein Altar. Sollte ich darauf geopfert werden?
„Ich bin ja auch kein Fan von experimentellem Punk“, hob ich an.

„Das spielt doch gar keine Rolle“, bügelte mich Frau Meesenkötter ab und öffnete die Klammer in ihrem Haar. Sie schüttelte den Kopf und ließ eine wilde blondierte Mähne über ihre Schultern wallen.

Mir wurde ganz anders.

„Setz dich hin, du bist ja vollkommen blass“, befahl sie. Sie sagte „du“ zu mir! Da musste ich mich wirklich setzen.

„Dir habe ich es zu verdanken, dass Harro jetzt Harry ist“, fuhr sie fort und griff nach dem Saum ihres grauen Pullovers.

„Es tut mir leid! Lassen Sie mich doch erklären …“, rief ich entsetzt, um noch Schlimmeres zu verhindern.

Doch zu spät. Der Pullover war schon über ihren Kopf gezogen, und darunter kam eine bunt gebatikte Bluse zum Vorschein.

„Du hörst jetzt zu!“, gebot sie.

Ich nickte gehorsam.

„Vor 45 Jahren war ich mal ein richtiger Hippie. Wir glaubten, die Welt würde durch Samba-Rhythmen wieder ins Lot kommen. Das war nicht in San Francisco, das war hier in der Nähe von Westfalstrup am Altenwinkeler Stausee. Im Sommer hausten wir in Zelten und Holzbaracken, im Winter krochen wir wieder kleinlaut bei unseren Eltern unter. Wir spielten Samba bis zur Ekstase. Das mussten wir auch, denn das Dope war meistens schon am Nachmittag aus. Also hatten wir den Rhythmus, und was der nicht schaffte, erledigte der Hunger. Ich hieß Sigi Sunset, weil ich am liebsten bei Sonnenuntergang am Ufer trommelte. Die Strommasten des Kraftwerks sahen dann wie die Pylone der Golden Gate Bridge aus."

„Ihr Mann hat mir eine Karte aus Nashville geschickt, in der er schreibt, er hätte Ihnen seinerzeit das Samba-Trommeln ausgeredet", warf ich ein.

„Ihr Männer habt doch keine Ahnung! Ich ließ Harro nur glauben, dass ich grottig trommeln würde, damit es ihm leichter fiel, auf die E-Gitarre zu verzichten."

„Das ist aber sehr einfühlsam von Ihnen", raspelte ich Süßholz.

„Ach was, das war total egoistisch von mir. Ich wollte seine Potenz zurückhaben. Hat aber nicht geklappt."

Ich versuchte gar nicht erst, meine Kinnlade wieder unter Kontrolle zu bringen. Als ich vor Schwindel gefährlich mit dem Oberkörper schwankte, griff Frau Meesenkötter stabilisierend nach meinem Nacken, aber das linderte die Symptome natürlich auch nicht.

„Ich lernte Harro während einer winterlichen Hippie-Pause kennen. Und was soll ich sagen? Er zeigte mir, dass die freie Liebe in unserer Samba-Kommune eine verkrampfte Kopfgeburt war. Total öde. Aber der Sex mit Harro, der war die reinste Offenbarung! Harro war eigentlich voll der Spießer. Er ließ sich gerade zum Möbelprüfer aus-

bilden. Aber im Bett war er eine Granate. Also pfiff ich auf die Freiheit organisierter Regellosigkeit und genoss mit Hingabe die Paarungsmethoden des Establishments.
Aber leider, leider, das Glück währte nicht lange. Denn als ich Harro die E-Gitarre wegnahm, war's schlagartig aus mit der Manneskraft. Er brauchte wohl die Klampfe, um in Stimmung zu kommen. Aber das kam nicht mehr infrage! Nicht mehr diese Folter, dieses gotterbärmliche Katzengejammer! Die Entscheidung fiel mir nicht leicht, aber letztlich war es die richtige: Sex oder Befreiung von der Folter – da zieht leider die Libido den Kürzeren."
Ich nickte, und zum ersten Mal konnte ich Frau Meesenkötter verstehen. Wenn Harro spielte, wurde wirklich die Milch sauer.
Wie ich weiter erfuhr, gelang es Sieglinde im Laufe der Zeit, das Eheleben wenigstens wieder auf das kümmerliche Normalmaß gewöhnlicher Vorstadtschlafzimmer anzuheben. Sie brachte Harro

in Fahrt, indem sie ihm einen anderen Spleen erlaubte: Er träumte immer davon, eine Möbeltestmethode zu erfinden, die seinen Namen trüge.
„Das war natürlich totaler Quatsch. Aber es wirkte auf dem anderen, entscheidenden Gebiet. Also durfte er, wenn ich auf Geschäftsreise ging, mit so einer jungen naiven Mitarbeiterin aus seiner Firma in unserem Schuppen Spannmuffenfedertests an unserem alten Kanapee durchführen. Die Testreihen erforderten die schlimmsten Verrenkungen, und es quietschte fürchterlich. Aber ich war ja zum Glück nicht zu Hause.
So lebte ich aus Liebe zu meinem Harro ein leidliches Leben als Scheinspießerin. Und ich hoffte, eines Tages käme ein Retter und würde mir meinen alten Harro wieder zurückgeben. – Und dieser Retter bist du!"
Frau Meesenkötter drückte mir einen dicken Schmatz ins Gesicht. Dann öffnete sie einen Knopf an ihrer Flower-Power-Bluse und sagte:

„Ich bin total glücklich! Harro probt jetzt einfach auf der Bühne. Ich habe ihn schon drei Mal in den Staaten besucht, und es ist der Hammer: Er geht wieder ab wie Harry!
Seit letzter Woche bin ich jetzt auch in Rente und weißt du was? Ich verkaufe die Hütte hier und ziehe mit Harry Me nach Kalifornien! Ich werde am Golden Gate Samba trommeln, bis die Sonne untergeht, und wenn Harry nicht auf Tournee ist, na, du weißt schon …!"
Als letzten spießigen Akt ihres Lebens bedankte sich Sigi Sunset bei ihrem langjährigen Nachbarn und sagte ihm Lebewohl. Wie, das bleibt unser Hippie-Geheimnis.

Tierisch viele Gedanken über später

von Stefan Pinnow

Rente. Das wär's. Endlich mehr Zeit für alles. Das habe ich mir dann aber auch verdient. Keine Ahnung, warum mir ausgerechnet jetzt dieser Gedanke kommt, wo ich hier auf dem Sofa liege. Vielleicht, weil ich bis gerade eben geschlafen habe. Seit heute früh. Inzwischen ist es Nachmittag. Ich dreh mich mal auf die andere Seite. Vielleicht kann ich noch ein bisschen dösen, bis es Essen gibt.

Obwohl – in letzter Zeit denke ich oft an das, was mal kommt: den Ruhestand. Oder wenigstens Altersteilzeit. Das würde mir schon reichen. Ehrlich gesagt, denke ich seit Jahren darüber nach. Woran das wohl liegt? Vielleicht, weil seit einiger Zeit die Haare weniger werden? Grauer sind sie noch dazu.

Und überall liegen die dann rum. Nicht so schön. Die Augen sind auch nicht mehr die besten. Und genau deswegen werde ich auch nachts nicht mehr arbeiten. Nachts werde ich nämlich schlafen. So. Muss das natürlich noch mit dem Chef besprechen. Auch wenn ich ja finde, dass eigentlich ich der Boss bin. Versuche ihm das ja seit einer Ewigkeit zu zeigen. Doch er kapiert es nicht. Aber die letzten Jahre waren echt ganz schön anstrengend gewesen. Und was bin ich viel unterwegs gewesen. Oft kam es mir vor, als wäre ich auf der Flucht. Das muss auch weniger werden!
Was werde ich wohl machen, wenn ich im Ruhestand bin? Wie sieht dann mein Leben aus? Auf jeden Fall werde ich endlich ausschlafen. Und zwar jeden Tag. Herrlich. Und ich werde mir ab und zu mal einen neuen Lieblingsplatz im Haus suchen. Reisen werde ich nicht. Habe gehört, dass viele, wenn sie aufhören zu arbeiten, die Welt erkunden wollen. Das ist nichts für mich. Ich habe alles

gesehen, was wichtig ist. Und das sogar mehrmals. Ich werde schön hierbleiben und nichts tun. Vielleicht ein bisschen was im Garten machen. Aber auch nur, wenn ich Lust habe.
Bloß nicht zu viel tun. Zum Glück musste ich bisher im Haus nie viel erledigen. Müll rausbringen zum Beispiel. Macht ja meistens die Frau. So soll es auch bleiben. Ich mach immerhin kaum was dreckig. Eigentlich sogar fast nichts. Im Gegenteil. Im Putzen bin ich spitze.
Und vielleicht – wenn ich mal alt bin – werde ich auch dick. So richtig schön rund und gemütlich. Zwar habe ich schon häufig gehört, ich sei „ganz schön moppelig“, aber ich denke das nicht. Finde mich eigentlich perfekt so. Bin sowieso der Beste hier weit und breit.
Und ich werde mich noch gemütlicher bewegen als bisher. Bloß keine Hektik. Kann mir auch gut vorstellen, ab und zu mal ganz langsam umherzuschlendern. Ich habe gehört, viele in meinem Al-

ter machen das. Ums Haus rumschlurfen und nach dem Rechten sehen. Gut, trauen sich natürlich auch nur noch wenige hier in die Gegend. Liegt vielleicht daran, dass ich im Laufe der Zeit viele vertrieben habe.
Eigentlich möchte ich einfach nur meine Ruhe, wenn ich bald in Rente bin. Nur keinen Stress. Natürlich werde ich mich weiter mit den Jungs aus der Nachbarschaft treffen. Schon alleine, damit ich im Training bleibe. Ab und zu mal ein kleines Spiel – warum nicht? Ein bisschen Übung kann nicht schaden. Habe schon oft gehört, dass ich für mein Alter noch relativ fit bin. Aber seien wir ehrlich – ich bin von allen der Schnellste. Keiner hat so eine gute Reaktionszeit wie ich. Ich denke, das wissen die anderen auch.
Da fällt mir ein, ich könnte mal wieder meinen Bart sauber machen. Habe ich zwar vorhin erst gemacht, aber man will ja auch im Alter gepflegt sein. Weißt ja nie, wem du unterwegs begegnest.

Angelegt habe ich auch ein bisschen was für später. Also meine Rente müsste gesichert sein. Wenn mir keiner was klaut. Aber das sollte keiner finden, hab's gut versteckt.
Frage mich gerade, wie alt ich überhaupt bin. Das weiß ich gar nicht so genau. Irgendwas um die 13 oder 14, glaube ich. Meine Menschen wüssten das jetzt genau. Apropos. Höre ich da nicht meinen Namen?
„Filou! Komm her! Es gibt was zu futtern!"
Habe ich doch richtig gehört. Na dann strecke ich mich mal ein wenig und schleiche in die Küche. Mal gucken, was es heute gibt. Hoffentlich was mit Lachs. Das wäre fein.
Fressen, schlafen, dösen. Das werde ich machen, wenn ich dann in den Ruhestand gehe. Also wird sich eigentlich gar nicht viel ändern.

Lob der Faulheit

von Gotthold Ephraim Lessing

Faulheit, jetzo will ich dir
auch ein kleines Loblied bringen.-
O! -- Wie -- sau -- er -- wird es mir, --
dich -- nach Würden -- zu besingen!
Doch, ich will mein Bestes tun,
nach der Arbeit ist gut ruhn.

Höchstes Gut, wer dich nur hat,
dessen ungestörtes Leben --
Ach! -- ich -- gähn -- ich -- werde matt --
nun -- so -- magst du -- mir's vergeben,
dass ich dich nicht singen kann;
du verhinderst mich ja dran.

Ein fast perfekter...

von Fritz Rubin

Als ich mich vor knapp zehn Jahren in das Abenteuer „Ruhestand“ stürzen durfte, ahnte ich noch nicht, dass mich eine bis dahin ungewohnte Tätigkeit einmal so in den Bann ziehen würde. Eingespannt in den dienstlichen Tagesablauf, war mir diese artfremde Arbeit zwar nicht unbekannt, aber ich dachte auch gar nicht daran, sie an mich zu ziehen. Eine Art Macho-Gehabe, so sehe ich das heute.

Meine Findungsphase für den Ruhestand dauerte rund drei Monate, dann hatte ich meine neue Lebensrichtung erkannt und ging nun frisch ans Werk, zunächst mit dem Schreiben von Kurzgeschichten und Gedichten. Das erfüllte mich mit Lust und Freude, und so ging jeder Tag recht schnell vorbei.

Eines Morgens, es war ein Samstag, sprach mich meine Frau ganz freundlich mit den Worten an: „Liebling, könntest du bitte mal die Betten machen und die Wäsche aufhängen!“
„Holla“, dachte ich so bei mir, „das ist ja ein ganz besonderer Wunsch.“ Eine Aufforderung, bestimmt und keinen Widerspruch duldend, aber ebenso ganz lieb ausgesprochen.
Mit gönnerhaftem Eifer und betont lustvollen Worten folgte ich also diesem Wunsch, nicht ahnend, dass dieses der Beginn einer wundervollen Leidenschaft werden würde.
„Liebling, könntest du …“, wurde im weiteren Verlauf meines ruhigen Ruhestandslebens ein geflügeltes Wort, das mich in immer neue Bereiche der Hausarbeit einführte. Es war ja unglaublich, welche Facetten sich da für mich auftaten, das hätte ich wirklich nicht angenommen.
„Liebling …“, diese Anrede versetzte mich immer wieder in Erstaunen, wenn dann der Aufgaben-

bereich folgte, den es anzupacken galt.
An das Bettenmachen und das Wäscheaufhängen hatte ich mich schneller gewöhnt, als ich gedacht hatte. Das waren die leichteren Übungen im Tagesablauf. Es folgten Staub wischen, Fenster putzen, Wäsche abnehmen und zusammenlegen, Tätigkeiten, die ich mit wenig Lust anging, aber die im Laufe des Tages doch vollzogen wurden.
Wenn meine Frau vom Dienst nach Hause kam, waren alle Aufträge erledigt, die meisten jedenfalls.
„Liebling, könntest du mal die Wäsche bügeln", hörte ich eines Morgens meine Frau sagen. Mein Gesicht zeigte Fassungslosigkeit.
Heiße Eisen hatte ich in meinen vergangenen 60 Lebensjahren wohl zur Genüge angefasst, aber Bügeln, nein, Bügeln, das kam nicht infrage.
„Streik", das hatte ich auf meine Stirn geschrieben und auch mit leisen Worten klar und deutlich „Nein" gesagt. Dabei ist es bis heute auch geblieben.

Doch eine Hausarbeitstätigkeit erfüllt mich immer wieder mit großer Lust und ich führe sie mit besonderer Akribie aus.
Allein das Geräusch des Motors ist Musik in meinen Ohren, satter Klang, gleichmäßig, wie der Düsenantrieb eines Clippers, der hoch am Himmel dahinzieht.
Wenn ich das Gestänge in der Hand halte und mit geübtem Schwingen den Boden berühre, dann kommt jedes Mal eine unbändige Freude in mir auf. Ich sehe den Erfolg meiner Arbeit, jedes kleine Krümelchen, jede Graupapageienfeder verschwindet im Bauch des Staubsaugers. Es ist mittlerweile ein Ritual geworden, zumal unsere drei Grauen immer voller Inbrunst dagegen anpfeifen.
Packt mich hin und wieder mal eine unbändige Laune, streue ich Restkrümel aus dem Papageienfutter auf den Laminatfußboden, und dann … ja, ja … dann durchzieht mich ein Glücksgefühl, ich sehe den Erfolg, und meine innere Zufriedenheit

lässt ein leichtes Lächeln um meine Lippen spielen, und ich denke:
„Fritz, du bist ja ein – fast – perfekter Hausmann geworden!“

Dank der Arbeit

Verfasser unbekannt

Mit Arbeit ist es so auf Erden,
sie kann leicht zum Laster werden.
Du weißt nicht mehr, wie Blumen duften,
kennst nur die Arbeit und das Schuften,
so gehn sie hin, die schönen Jahre;
auf einmal liegst du auf der Bahre
und hinter dir, da grinst der Tod:
„Kaputtgerackert – Vollidiot!“

Unruhestand

von Käthe Lachmann

Meine Freundin Elisabeth habe ich beim Yoga kennengelernt. Sie ist zwar schon siebenundsechzig, aber sie kommt beim „Hinabschauenden Hund“ mit den Fersen auf den Boden – im Gegensatz zu mir. Sie sagt, das liegt daran, dass sie schon beim Betriebssport regelmäßig zum Yoga gegangen ist. Jetzt hat sie gleichzeitig mit mir angefangen, dieses Sauna-Yoga auszuprobieren. Bikram-Yoga heißt es, und man macht die Übungen bei vierzig Grad. Elisabeth sagt, sie geht eigentlich gern in die Sauna, kommt aber so selten dazu, seit sie im „Unruhestand“ ist. Deshalb findet sie Bikram-Yoga so toll, weil sie dort Yoga und Sauna kombinieren kann. Überhaupt kombiniert Elisabeth gern.

Als wir nach dem Yoga zum ersten Mal einen Kaffee zusammen getrunken haben, haben wir die ganze Zeit Englisch miteinander gesprochen. Denn Elisabeth macht seit Kurzem einen Englischkurs. Und einfach nur so Kaffee trinken mit einer eigentlich Fremden, das hätte sie als Zeitverschwendung empfunden. Denn Zeit hat sie nicht viel. Deshalb haben wir also geübt, und für mich war das ja auch nicht schlecht, meine Englischkenntnisse aufzufrischen. Wir machen das jetzt immer.
Wenn Elisabeth auf ihren Enkel aufpasst, auf den sechsjährigen Jonah, dann verplempert sie auch nicht ihre Zeit auf dem Spielplatz, sondern sie setzt ihn auf ihr E-Bike hintendrauf und macht Besorgungen, im Supermarkt, in der Apotheke, bei der Bank. Elisabeth fährt überall hin mit ihrem E-Bike. Sie ist Patin eines Esels. Der heißt Gino. Jede Woche fährt sie mit Jonah zu ihm. Sie bringen ihm eine Karotte mit und kraulen ihn an den Ohren. Gino lebt auf einem Gnadenhof und Elisabeth gibt einen

nicht unerheblichen Teil ihrer Rente für Gino aus. Wie es kommt, dass Elisabeth meine Freundin geworden ist? Nun, das frage ich mich auch oft. Schließlich hat Elisabeth eigentlich überhaupt keine Zeit für weitere Freundschaften. Sie singt in drei Chören und ist ständig auf Feiern von irgendwelchen Vereinen und Firmen eingeladen, in denen ihr verstorbener Mann gern gesehen war.

Außerdem hat sie eine Menge Freundinnen und einen Garten, den sie schon gepachtet hatte, als sie noch bei einem großen Versandhaus arbeitete. In einer Mischung aus Angst und Vorfreude hatte sie sich für ihren Ruhestand sehr viel vorgenommen, was sie jetzt alles kaum schafft. Ihre Zeit als Sekretärin fehlt ihr nicht, und ihre ehemaligen Kolleginnen lädt sie regelmäßig zum Kaffeekränzchen zu sich nach Hause ein. Natürlich backt sie dafür selbst. Einmal habe ich sie besucht, als ihre ehemaligen Kolleginnen gerade gegangen waren. Ich fragte, ob ich störte, denn sie sah etwas geschafft aus.

Aber sie sagte nur: „No, no, nothing planned for the rest of the day, come in!“ Wenn ich es richtig verstanden habe, fand sie es also gut, dass sie für mich keinen Extra-Tag anbrechen musste.
Ich mag Elisabeth, sie ist heiter und neugierig und sie ist ein bisschen ein Vorbild für mich. Ich möchte auch so werden wie sie, wenn ich mal nicht mehr arbeite. Vielleicht nicht ganz so, denn ich würde ungern auf einen Mittagsschlaf verzichten.
Manchmal schneidet sie Sinnsprüche aus und bringt sie mir zum Yoga mit. „Jeder Tag ist ein freundlicher Tag, wenn du ihm mit einem Lächeln begegnest“ zum Beispiel. Sie findet viele ihrer Sprüche im Internet und verteilt sie unter ihren Freundinnen. Viele ihrer Sinnsprüche haben auch mit Zeit zu tun, wie etwa der: „Wenn die Zeit kommt, in der man könnte, ist die Zeit vorüber, in der man kann.“ Und sie könnte am liebsten noch viel mehr. Schließlich beklagt sich Elisabeth immer wieder darüber, so wenig Zeit zu haben, seit sie in Rente

ist. Als sie noch arbeitete, meint sie, hatte sie immer gut acht Stunden Zeit für sich selbst. Aber jetzt, zwischen all der Gartenarbeit, den Besuchen und allem anderen? Das ist Stress pur! Dabei würde sie eigentlich gerne mal nach England reisen. Nach London, weil sie ja ein großer Fan ihrer Namensvetterin, der Queen, ist. „But I don't have any time!", beschwerte sie sich erst neulich darüber. Früher hätte sie wenigstens mal Urlaub gehabt, sogar bezahlten Urlaub, da wären all die anderen auch ohne sie zurechtgekommen, und sie wäre mit Günther in sonnige Gefilde gefahren, weil Günther, ihr Mann, so gerne am Strand gelegen hätte. Jetzt, wo sie alleine ist und auch mal ins als regnerisch verschriene England reisen könnte, kann sie es nicht, weil sie keine Zeit hat. „Why don't you have holidays when you are retired?", fragte sie mich. „Or, at least, a free weekend?" Das war, als ich sie zwischen zwei Stunden Jonah hüten und einer Chorprobe erwischte. Aber all das hielte sie jung, erklärte sie mir. Genau wie das Vorlesen im Altersheim, was sie hauptsächlich in der Vorweihnachtszeit macht, aber auch über das Jahr immer wieder anbietet, um den alten Menschen eine Freude zu machen und sich selbst jünger zu fühlen, wie sie zugibt.

Als ich sie neulich zu Gino begleitete (Jonah war mit den Eltern im Urlaub), da hörte sie sich richtig schlecht an. Sie war nicht „gut drauf" und sprach sogar Deutsch mit mir, denn Englisch sei ihr heute zu anstrengend, wie sie mir erklärte. Sie habe seit einigen Wochen Schlafstörungen, komme abends nicht zur Ruhe und selbst Yoga helfe ihr nicht mehr richtig. Außerdem sei sie grüblerisch und immer von Müdigkeit geplagt. Ihre Hausärztin habe ihr einen „Burn-out" attestiert, was sie für lächerlich hielt. Schließlich bekam man den ja wohl nicht in der Rente, ärgerte sie sich und erzählte mir von ihrem Plan, die Hausärztin zu wechseln.

„Aber die kennt dich doch schon viele Jahre und bisher warst du doch immer zufrieden …", meinte ich.

„Bisher hatte ich ja auch nichts! Vielleicht mal einen verspannten Nacken oder Verdauungsprobleme, aber ansonsten bin ich doch kerngesund!“, fuhr Elisabeth mich in einem gereizten Ton an, wie ich sie noch nie gehört hatte.
Huch, dachte ich, sie muss vielleicht wirklich etwas kürzertreten.

Weil dies das letzte Mal gewesen war, dass ich länger mit Elisabeth gesprochen hatte, und wir nur noch knappe SMS austauschten, begann ich mir wirklich Sorgen um sie zu machen. Eines Tages traf ich ihre Freundin Rosa, und die erzählte mir, dass sie Elisabeth auch schon länger nicht gesehen hatte. Wie ich dann erfuhr, hatte sie ihren Freundinnen nichts von dem Arztgespräch erzählt.
„Burn-out!“ Rosa klang geradezu ehrfürchtig. „Ich dachte, das kriegen nur irgendwelche Manager!“ Sie schüttelte den Kopf. „Dabei ist sie doch im Ruhestand!“

„Na ja“, entgegnete ich, „sie muss ja schon auch eine Menge managen! Den Esel, den Enkel, den Garten, die Chöre, die Lesungen und sonst auch noch einiges …“
„Aber sie macht doch Yoga?“
„Ja, aber wenn das nur noch ein zusätzlicher Termin ist, wirkt das natürlich auch nicht nur entspannend.“
Rosa stimmte mir zu und sagte: „Gut, dass wir gesprochen haben. Ich bringe ihr auf jeden Fall mal Lavendeltee gegen die Schlafstörungen.“
Wir verabschiedeten uns, nicht ohne vorher unsere Telefonnummern auszutauschen und uns zu vergewissern, dass wir uns etwas einfallen lassen wollten. Für Elisabeth.

Um herauszubekommen, wie wir Elisabeth unterstützen konnten, wollte ich mich mit ihr auf einen kleinen Spaziergang am Wochenende verabreden. Sie klang fahrig und unfroh am Telefon: „Am Samstag? Wie stellst du dir das vor? Ich helfe Biggi

beim Flohmarkt! Und danach fahre ich mit Jonah zu Gino, weil er sich das gewünscht hat."
Elisabeth machte überhaupt keine Anstalten mehr, Englisch zu sprechen. Es musste wirklich schlimm um sie stehen. Aber ich hatte eine Idee …

Am selben Tag noch rief ich Rosa an und erzählte ihr von meinem Plan. Sie war begeistert und versprach mir, den anderen Freundinnen und Elisabeths Tochter Bescheid zu geben.
Wenige Wochen später war es so weit: Wir trafen uns alle an einem Dienstagabend bei mir, als Elisabeth wieder einen Chorauftritt hatte. Ich hatte ein paar Flaschen Rotwein gekauft, Käse und Baguette, und die Damen griffen beherzt zu. Sie schnatterten, lachten und schienen voller Tatendrang zu sein. Zu dumm, dass ich mir kein Megafon besorgt hatte. Ich probierte es ohne.
„Wir haben uns heute hier versammelt, weil es unserer Freundin, Mutter und ehemaligen Arbeits-

kollegin schlecht geht. Wir wollen ihr helfen!", schmetterte ich in die Runde. Ich war richtig euphorisiert, weil 22 Damen gekommen waren. „Jawoll!", riefen sie und „Wie wahr!" So ähnlich mussten sich die Anführerinnen der Sufragetten gefühlt haben.
Eine Zweiflerin fragte: „Aber wie wollen wir das anstellen?"
Jetzt schlug meine große Stunde: „Wie ihr alle wisst, ist Elisabeth ein großer England-Fan, obschon sie noch nie da gewesen ist. Deshalb schenken wir ihr zum Geburtstag eine Reise nach England!" Tosender Applaus brandete auf, falls man das bei 22 älteren Damen schon sagen kann, Jubel erfüllte den Raum, ich machte eine beschwichtigende Handbewegung und fuhr fort: „Ihre Tochter Biggi und deren Mann sind mit 300 Euro dabei. Den Rest müssen wir zusammenkriegen!"
„Ja, das schaffen wir!" und „Ich gebe hundert!" klang es aus zahlreichen Kehlen. Bevor jemand irgendetwas dagegen einwenden konnte, bat ich

abermals um Ruhe und fuhr dann fort: „Es geht gar nicht nur darum, Geld für die Reise zu sammeln. Wir müssen unsere Zeit investieren, in all die Projekte, die Elisabeth hat und unterstützt. Wenn wir nicht zusehen, dass alles weiterläuft während ihrer Reise, wird sie erst gar nicht wegfahren. Das heißt, wir müssen in den zwei Wochen überall für sie einspringen. Und …“, ich machte eine Kunstpause und blickte mich bedeutungsschwanger um, genau so, wie ich es einmal in einem Hollywoodfilm gesehen hatte, „vielleicht finden wir ja auch Gefallen an der ein oder anderen Sache, die Elisabeth macht, und können ihr Arbeit abnehmen!“

Sofort redeten alle wild durcheinander, und eine brüllte wie am Spieß: „Der Garten! Ich teile mir mit ihr den Garten! Ich hab ja Zeit, ich bin ja Rentnerin!“ Alle lachten und ließen sie wissen: „Elisabeth doch auch!“

Wir machten eine Liste von all den Dingen, die Elisabeth so in ihre Wochen packte: Gartenarbeit,

Enkel hüten, im Altersheim vorlesen, drei Chorproben plus Konzerte, die Eselpatenschaft, monatliche Kaffeekränzchen für die ehemaligen Kolleginnen und Hausbesuche bei kranken Freundinnen. Dazu kamen Besorgungen, Yoga, Englischkurs und Veranstaltungen der Vereine und der Firma ihres Mannes, bei denen wir sie schlecht ersetzen konnten. Wir wählten zwei Wochen aus, in denen die meisten von uns Zeit hatten, ich setzte mich an den Rechner mit lauter aufgeregten Damen um mich herum und buchte für acht von uns, die mitwollten, plus Elisabeth eine England-Rundreise inklusive drei Tagen London.

Elisabeths Geburtstag rückte immer näher, und ich wunderte mich, dass ich keine Einladung, nicht einmal zum Kaffeetrinken, erhielt. Als ich sie anrief, um beiläufig zu fragen, was sie an ihrem Geburtstag vorhatte, kam sie mir zuvor. In ihrem neuen, gereizten Tonfall erklärte sie mir, dass sie an ihrem Ehrentag in ein Wellnesshotel fahren wollte, weil sie vorhatte, „mal zu entspannen“. Allerdings ginge das nur für eine Nacht, weil davor Günthers Firma ihr fünfzigstes Firmenjubiläum feierte, bei dem sie Ehrengast war, und danach eine Zusammenkunft der Eselfreunde auf Ginos Gnadenhof anstand. Aber in den vierzehn Stunden im Wellnesshotel wollte sie sich ihren Burn-out „wegschwimmen, wegmassieren und überhaupt weganwenden lassen“, wie sie wortwörtlich sagte. Sie habe dort rund um die Uhr Termine ausgemacht, von der Pediküre bis zur Kopfhautmassage, und sei guter Dinge, hinterher entspannt und gut gelaunt nach Hause zu kommen. Im Übrigen müsse sie jetzt los, sie habe zu tun, was ich ihr ohne weitere Fragen abnahm. Puh. Zum Glück konnte ich noch die Adresse des Wellnesshotels erfragen, bevor wir auflegten.

Wir hatten einen Kleinbus für die Fahrt zum Wellnesshotel gemietet und Helena, eine von Elisabeths ältesten Freundinnen, saß am Steuer. Mit insgesamt sechzehn Damen fuhren wir in aller Herrgottsfrühe in Elisabeths Hotel, um ihr schon zum Frühstück ein Ständchen zu bringen und unser Geschenk zu überreichen. Im Umschlag mit dem Reisegutschein lag auch eine Liste, welche Freundin sich bereit erklärt hatte, welche Aufgabe zu übernehmen. Als der Bus mit uns aufgeregten Frauen am Zielort ankam, wuchs unsere Unsicherheit: Würde Elisabeth sich freuen? Es war halb sieben, als wir uns im Frühstückssaal formierten. Die freundliche Dame an der Rezeption hatte uns schon am Telefon erklärt, dass die meisten Besucherinnen gegen sieben frühstückten. Elisabeth erschien kurz nach halb acht und wir legten los mit unserem im Bus geprobten Geburtstagsmedley aus vier verschiedenen Liedern.

Elisabeth war mehr als gerührt, schon als sie uns nur dastehen sah. Sie umarmte jede Einzelne von uns, während bei ihr die Tränen strömten.

„Danke, danke, danke!“, schluchzte sie. Die anderen Hotelgäste waren längst in unseren Chor eingefallen und applaudierten nun dem Geburtstagskind. Als wir ihr das Geschenk überreichten, war es vollkommen um Elisabeth geschehen. „England!“, stammelte sie, „London! Ihr seid ja verrückt! Und ihr kommt sogar mit! Wie ich mich freue! Und ihr anderen passt auf, dass hier alles weiterläuft – danke! Ich schäme mich so, ich war so gereizt und hatte nie Zeit für euch in der letzten Zeit, und statt mich zu verfluchen das hier …“ Sie stapfte mit uns im Schlepptau zur Rezeption. „Stornieren Sie bitte alle Anwendungen für heute – ich möchte stattdessen mit meinen Freundinnen frühstücken, und zwar ausgiebig!“

Als wir nach einem vierstündigen Frühstück wieder zurückfuhren, hatten wir Elisabeth mit an Bord. Sie schaute nachdenklich aus dem Fenster, als sie sagte: „Ihr habt ja recht. Ich muss wirklich kürzertreten. Und England ist der Startschuss! Gut, bis dahin gibt es noch einiges zu erledigen: Ich muss zum Frisör, nehme vielleicht ein paar extra Yogastunden, weil ich in England bestimmt nicht dazu komme, und mache noch schnell einen Englisch-Intensivkurs, es gibt demnächst noch einen am Wochenende – und Bücher über England möchte ich lesen und mir eine Liste machen, was ich alles sehen möchte, auf jeden Fall die Klassiker …"

Mehrere Freundinnen hatten versucht, Elisabeths Redefluss irgendwie zu stoppen, aber nur Helena hatte Erfolg. „Stopp!", brüllte sie. „Wir machen URLAUB in England! Und ich sorge höchstpersönlich dafür, dass das auch einer wird, und zwar ab jetzt!" Und mit einem „Mittagsschlaf!", das keinen Widerspruch duldete, reichte sie Elisabeth Schlafbrille und Ohrstöpsel.

Unter dem Applaus aller Frauen setzte Elisabeth die Brille auf und wünschte allen „Good Night!", bevor sie die Stöpsel in die Ohren steckte. Kurz danach war sie eingeschlafen.

Quellen

Thomas Göthel, Sigi Sunset
© beim Autor

Erich Kästner, Bürger, schont eure Anlagen
Aus: Erich Kästner, Lärm im Spiegel
© Atrium Verlag, Zürich 1929 und Thomas Kästner

Käthe Lachmann, Unruhestand
© bei der Autorin

Sławomir Mrożek, Das neue Leben
Aus: Sławomir Mrożek, Der Perverse, aus dem Polnischen von Christa Vogel
© 1995 Diogenes Verlag AG Zürich

Stefan Pinnow, Tierisch viele Gedanken über später
© beim Autor

Fritz Rubin, Ein fast perfekter …
© bei Doris Otter-Rubin

Auszug aus: Rosa Schmidt, Mein Mann, der Rentner. Das geheime Tagebuch einer Ehefrau
© 2014 Bastei Lübbe AG, Köln, S. 7-14

Wir danken den Autoren und Verlagen für die freundliche Abdruckgenehmigung. Sollte es dem Verlag trotz intensiver Bemühungen nicht gelungen sein, die Rechteinhaber zu ermitteln, bleiben berechtigte Honoraransprüche erhalten.